PERGOLESI

Stabat Mater

Latin

NOVELLO

Published by
NOVELLO PUBLISHING LIMITED
14-15 Berners Street, London W1T 3LJ, UK.

Order No. NOV070244R
ISBN: 978-1-84938-691-3
This book © Copyright 2010 Novello Publishing Limited

PERGOLESI

Stabat Mater

for soprano & contralto soli, SA & orchestra

Edited, & the piano accompaniment arranged by John Hullah

NOV070244R

Stabat Mater

G. B. Pergolesi

1. Coro
Stabat mater dolorosa

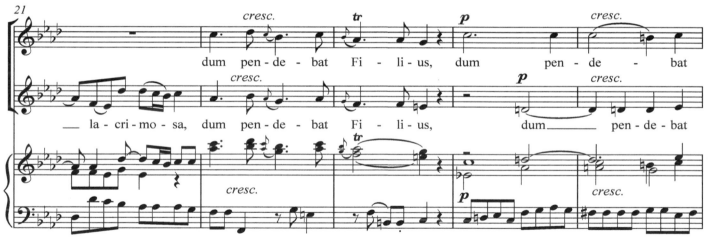

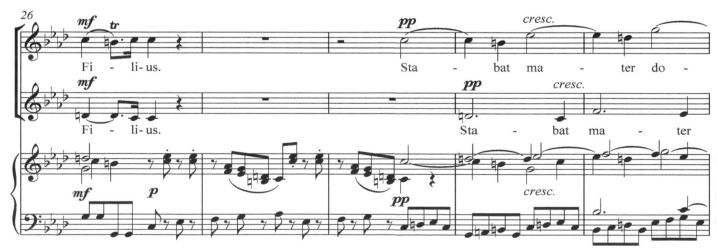

2. Solo
Cujus animam gementem

con-tris - ta-tam et do - len-tem, per-tran - si - vit, per-tran -

- si-vit gla - di - us. Cu-jus a - ni - mam ge - men-tem,_ con-tris -

- ta-tam_ et do - len-tem, per - tran - si - vit gla - di -

- us, per - tran - si - vit gla - di - us.

Cu - jus a - ni - mam ge - men-tem,

con - tris - ta - tam et__ do - len - tem, per - tran - si -

- vit, per - tran - si - vit gla - di - us. Cu - jus a - ni -

- mam ge - men - tem, con - tris - ta - tam et do - len - tem, per - tran -

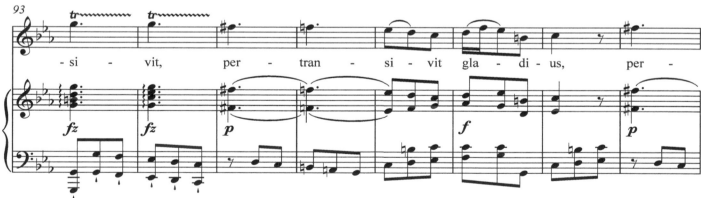

- si - vit, per - tran - si - vit gla - di - us, per -

- tran - si - vit gla - di - us.

3. Duo
O quam tristis et afflicta

4. Solo
Quæ mærebat et dolebat

Quæ mæ - re-bat____ et do - le-bat,____ et do - le-bat, et tre -

et mæ - re - bat cum___ vi - de-bat,___ cum___ vi - de-bat,

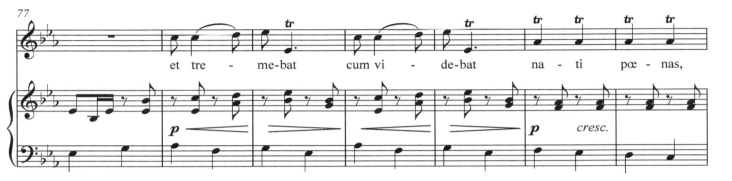

et tre - me-bat cum vi - de-bat na - ti pœ - nas,

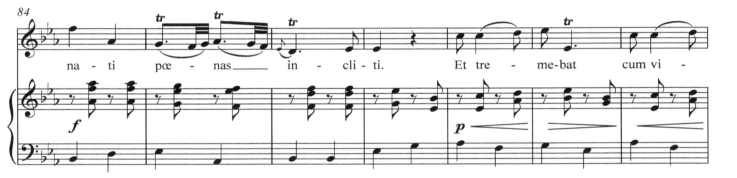

na - ti pœ - nas___ in - cli - ti. Et tre - me-bat cum vi -

-de-bat na - ti pœ-nas, na - ti pœ - nas___ in - cli - ti.

14

5. Duo
Quis est homo qui non fleret

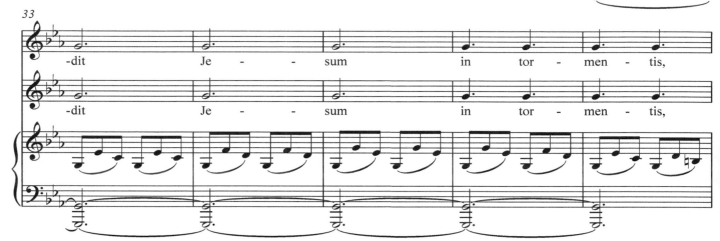

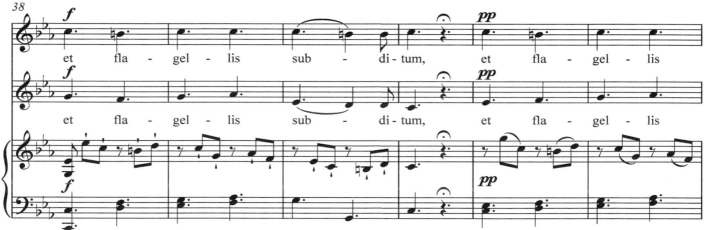

6. Solo
Vidit suum dulcem natum

Vi - dit_ su - um dul - cem na - tum mo - ri - en - tem de-so - la - tum,

de - so - la - tum dum e - mi - sit spi - ri - tum. Vi - dit

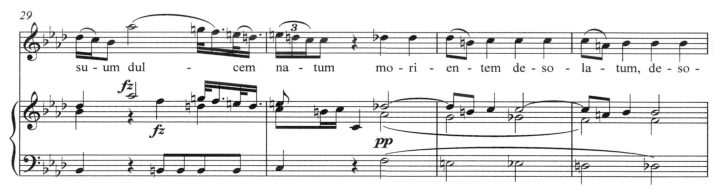

su - um dul - cem na - tum mo - ri - en - tem de - so - la - tum, de - so -

- la - tum dum e - mi - sit, dum e - mi - sit

spi - ri - tum.

perdendosi

7. Solo
Eia, mater, fons amoris

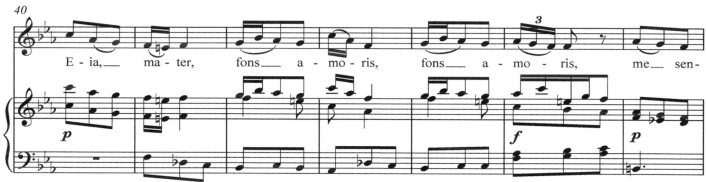

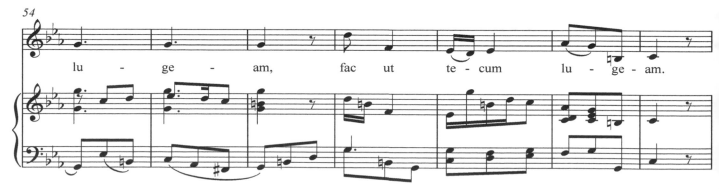

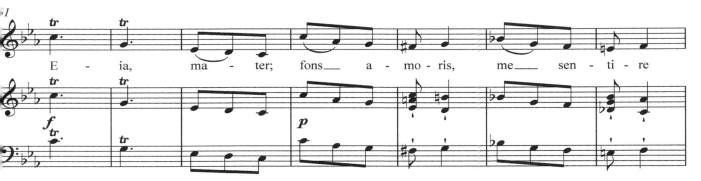

E - ia, ma - ter; fons__ a - mo - ris, me__ sen - ti - re

vim__ do - lo - ris, vim do - lo - ris, fac ut

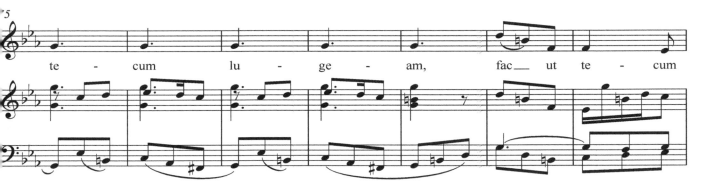

te - cum lu - ge - am, fac__ ut te - cum

lu - ge - am, lu - ge - am.

8. Coro
Fac ut ardeat cor meum

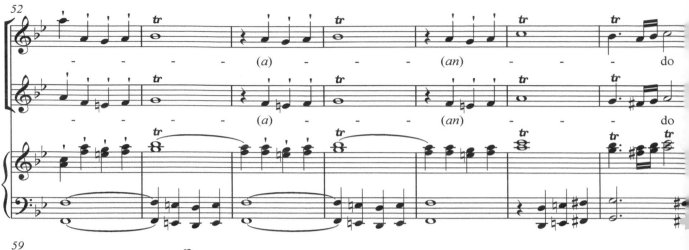

9. Duo
Sancta mater, istud agas

SOPRANO SOLO

Sanc - ta ma - ter, is - tud a - gas,

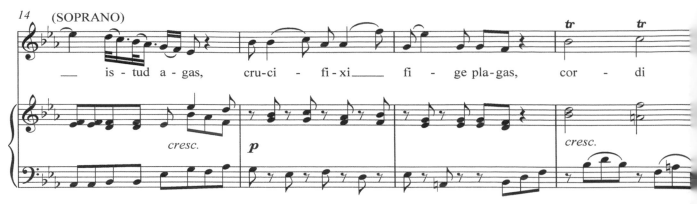

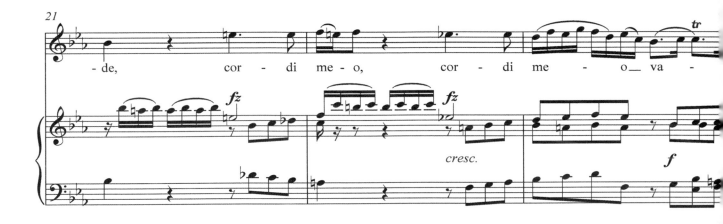

CONTRALTO SOLO

Tu — i na - ti vul - ne - ra - ti, vul - ne - ra - ti, tam dig -

-na - ti___ pro me pa - ti, pœ — nas me - cum, pœ — nas,

pœ — nas me — cum di — vi - de, pœ — nas,

pœ — nas me — cum di — vi - de.

Fac me ve - re te - cum fle-re,_ te-cum fle - re cru - ci - fix - o con -

dolce

- le - re, con - do - le - re, do - nec e - go vix - e - ro.

- le - re, con - do - le - re, do - nec e - go vix - e - ro.

cresc. *fz* dim.

Do - nec e - go, do - nec e - go vix -

Do - nec e - go, do - nec, do - nec e - go vix -

p *fz* *fz* *f*

-ro. Jux - ta cru - cem te - cum sta - re,

-ro. te

fz *p* *fz* *p* *fz* *p*

in planc - tu de -
li - ben - ter so - ci - a - re in planc - tu de -

-si - de - ro. in planc - tu, in planc - tu de - si - de - ro.
-si - de - ro. in planc - tu de - si - de - ro.

Vir - go, vir - gi-num

præ - cla - ra,
mi - hi jam non sis_____ a -

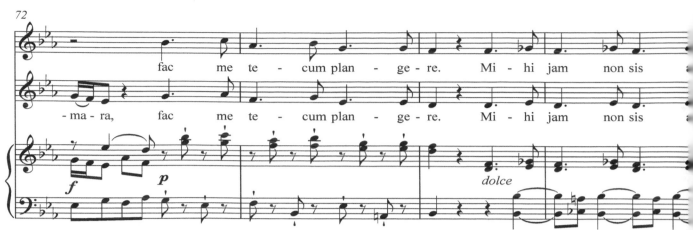

10. Solo
Fac ut portem Christi mortem

11. Duo
Inflammatus et accensus

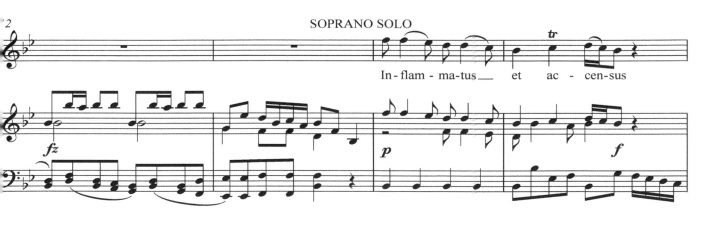

-ma - tus et ac - cen - sus per te, Vir - go, sim de - fen - sus

cresc.

di - - - - - e__ ju - di - cii.

p e cresc.   *fz p*   *f*   *fz*   *fz*

CONTRALTO SOLO

Fac me__ cru-ce__ cus - to - di - ri,

p   *f*

SOPRANO

mor-te__ Chris-ti__ prae - mu - ni - ri,   con-fo-ve - ri,   con-fo-ve - ri,

con-fo-ve - ri,   con-fo-ve - ri,

p

12. Duo
Quando corpus morietur

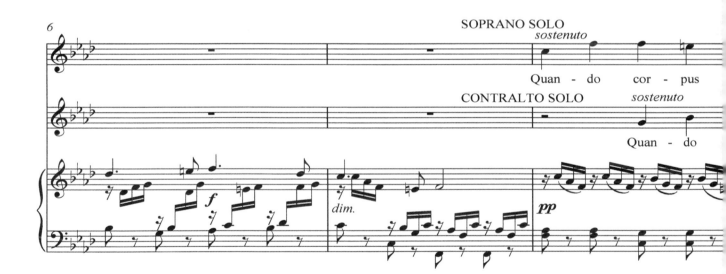

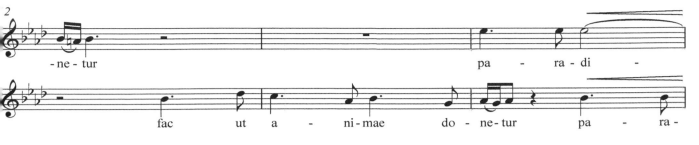

-ne - tur   pa - ra - di -

fac ut a - ni - mae do - ne - tur pa - ra -

- si glo - ri - a.   Quan - do

-di - si glo - ri - a.   Quan - do cor -

cor - pus mo - ri - e - tur, fac ut

-pus mo - ri - e - tur, fac ut

13. Coro
Amen